他者貢献

Contribution to others

髙橋貴洋

鴨ブックス

【他者貢献】

自分の為に他者に貢献する！
必ず自分の元に大きくなり返って来る現象

大事な家族や仲間、友人を守る為にも
クソみたいなプライドにしがみついたり、
ダサいマウント取る
大人になるのはやめましょう。

子ども達に胸を張って見せられる時代
大人達が楽しんで挑戦している世界

そんな素敵な世界が当たり前になる!!

【他者貢献】の理念が広がれば
必ず実現できる！！

他者貢献を世界中に広げる男
by 髙橋貴洋

はじめに

いきなりこの本を手に取ってくれている貴方にお願いです！

1分使ってこの「はじめに」読んでくれません？


ぶっちゃけ、本の著者の【クソ長い前書き】とか要らなくね？

オレも本読む時にいつも思っています（笑）。

「よく分からないお前の自己紹介に興味無い（笑）」

重々に承知しているので我慢して下さいw

さて！

この本を買ってくれたり、知り合いや友達からもらったり、または要らないのに押し付けられた貴方！
なんやかんや読んでくれている物好きな方に超感謝！（読者に謝れ）
本当に超ありがとうございます。
ガチで感謝です！

私の初書籍のタイトルは【他者貢献】！
この本には嘘は1ナノミクロンも書いていません！
なので、この本を開いている貴方！
最後まで我慢して読んで下さい！

40年生きて、挑戦し、挫折し、叩かれてきたけど1㎜もへこたれなかったおじさんの理念が、貴方にとっていい影響になるかも！

そして同じ境遇や他者貢献な方に届いて、貴方の背中の後押しになれば最高！
と言う訳で大体2万文字に込められた思いを我慢して読んでみて下さいな（笑）。
まずは、誰も興味無いかもしれないけど、他者貢献をするために生まれた男、
オレの自己紹介に1ページちょうだい（笑）。

大分県臼杵市野津町生まれ
41歳　O型　※2024年6月現在
大分県の建設会社　㈱和高組《わこうぐみ》という会社を起業、経営暦12年
年商　約3億円　今年の目標は5億円

他の市の建設会社を買ったり、似たような会社を立ち上げたりして、3社を経営しています。

M&A（他会社を買う事）というヤツですね（最初から横文字使うなw）。
正直、会社を分散しても確実なメリットや意味がないなら手間が増えるから意味ないっす。

まあなんでもまずはやってみて勉強ですわ。

そんな挑戦が好きな私のこの初書籍で、私が【他者貢献】という言葉に出会い、人生でどんな素敵な事を体験し、どんな素敵な方と出会ったかを語り尽くします。

この本を読み終わる頃には【他者貢献】という理念の素晴らしさに貴方は100%魅《ひ》かれています。

だって他者貢献ってのは、
【貴方と大事な人と世界を必ず幸せにする最高の理念】だからです！
まあ騙されたと思って最後まで読んでもらえたら嬉しいです。
それでは他者貢献ツアーへレッツゴー！

目次

はじめに …… 003

第1章 【他者貢献とは？】 …… 011

他者貢献は自分の為に

偽善で何が悪い？

大事な人を守れ

ＧＩＶＥは投資

第2章 【秒でやるは他者貢献】 …… 039

早く動くはメリットばかり

最強の行動
世の中は時間が全て
時間は返ってこない

第3章 【挑戦するしかない】 065
貴方は挑戦しているか？
叩かれることは名誉
失敗は成功の材料
自分を誰より信じろ

第4章 【感謝は偉大】 093
今を生きている事
当たり前はない

大事な人に感謝を伝えよう
感謝は愛を伝える手段

第5章 【NFTと他者貢献】 …… 109
コミュニティの強さ
NFTに感じる絆
支援や応援の力がNFTには秘められている
NFT＝他者貢献

おわりに …… 135

この書籍を応援してくださった方々 …… 143

第1章

他者貢献とは？

他者貢献……。

「聞きなれない言葉でよく分かんない！」

貴方はそう思ったでしょ？

他者貢献とは、「自分の為に他者に貢献する事」。

具体的に説明します。

他者に貢献すると感謝される。

感謝って言うのは、お金や言葉や相手の態度で返ってくるでしょ？

これが我々の活力や希望になる。

要は【承認欲求】を満たしてくれる。

我々はこの承認欲求が満たされないと幸せになれません。
そして承認欲求を満たす行為はたくさんあります。

例えば、仕事や外見。
みんな仕事やアルバイトをして【お金】という対価をもらいます。
さらには仲間やお客さんにお礼や笑顔を頂くと幸せになります。
この時の満足感が【承認欲求】が満たされるということ。
高級車に乗り、ハイブランドを身に纏《まと》うのも、【承認欲求】が満たされること。

周囲から、

・カッコいいと思われたい
・おしゃれだと思われたい
・異性からモテたい
・チヤホヤされたい
・とにかく褒めてもらいたい

全て【承認欲求】です。
人は誰しもこの承認欲求を持っています。
この【承認欲求】を満たすには【他者貢献】が必要!
他者貢献には承認欲求を求めてはいけない?

NO、NO、NO！

100年前と今の時代では感性が超《ちょう》変わっています。

時代は日々、スゴいスピードでアップデートされていいます！

全然、承認欲求を求めてOK！

ドヤりまくって下さい！

そこを分かりやすく解説していくのが第1章です

濃厚で甘美な他者貢献の本質を紐解いていきましょう（笑）。

他者貢献は自分の為に

いきなりドストレートで直球なパワーワードですが、
「他者に貢献する事は自分のため」です。

どういう事だよ？
答えはシンプル・オブ・ザ・単純（結論、簡単って事）。
必ず返って来るのが他者貢献だからです。
他者に貢献すれば、感謝してもらえるでしょ？
なんと時には10万円掛けたら50万円で返ってくるんですよ。

私が他者貢献しまくるのは**【全て自分のため】**です。

過去にこんな事をしました。

キングコングの西野亮廣《にしのあきひろ》さんの『えんとつ町のプペル』の絵本を５００冊程購入し、大分県中に配り回った事があります。

プレゼントイベントで絵本を配ると子供にモテモテ。

美人のお母さんにも感謝される。

クラウドファンディングを活用し、
支援してくれた金額分の絵本を購入者に贈るという、
クラファン手数料分だけ赤字になるという意味不明な事もしましたよ。

めちゃくちゃ赤字。

なんでそんな事をするのか？

何度も言いますが、

【全部自分のためにしています】

え？　それのどこが自分のためになっているの？
答えはこちらの実体験から。

実体験1

そもそも、キングコング西野亮廣さんの映画、『えんとつ町のプペル』の応援を勝手にし始めたことが発端で、映画のチケット100枚を、SNSを通して知り合った大分県にある「ＮＰＯ法人子育て応援レストランたまりば」の若林優子さんという方に、全てお譲りしました。

西野亮廣さんの応援もありましたが『えんとつ町のプペル』という絵本を少しでも多くの地元の子供達に配りたいと思ったからです。

大分県で知名度のある「たまりば」の代表若林さんのネットワーク力もあり、個人購入した絵本５００冊を無事、大分県内の子供達に配ることができました。

配る作業は、全部自宅から直接配送で中々大変な作業でした。

当然、あくまで無償の他者貢献です。

絵本の購入代、発送代など含め、全て費用は自分の負担ですわ（笑）。

しかし絵本を買う事で西野亮廣さんの応援もでき、『えんとつ町のプペル』の絵本５００冊を本当に欲しがっている家庭や学校、職場、そして子供達に配ることができ大満足でドヤれました。

さらになんと嬉しい事もあったんですよ！


その絵本を配る過程でウチの会社を知ったお母さんから、知り合いの実家の解体工事の見積もり依頼が来たんですよ！

そのお家の解体工事を当社が受注し１５０万円の売上になりました。

こんな事例が何件かあるんですよ！


スゴイでしょう？

もちろんこの事例は目に見える部分のみ。

大分県内で会社の知名度もめちゃくちゃ上がっています！

数字に換算できなくとも、実際の売上に繋がっている。

いや、数字以上のメリットをゲットしていますね！
確実に【他者貢献】は、自分に返ってくるのです。

偽善で何が悪い？

絵本の話は、全て実体験です。
オレはやった事ない事は正直に「未経験」と言います。
口だけ評論家ではないので、そこそこ説得力あると思います（笑）。
次は「偽善」についてです。
世の中のヒマでアホなヤツは偽善に敏感です。
他人が褒められたりチヤホヤされたりすることに対して、めちゃくちゃ嫉妬する。

「偽善は悪だ！」
「詐欺師だ！」
「悪い事を企んでいる！」

こういう日本代表ヒマな人選手権の優勝有力候補は、自分が何もできないので、他人の偽善や挑戦に文句ばかり言っています。（働けｗ）

全員、秒でブロックしましょう（笑）！

視界に入れてはいけません！

って言うか、偽善で何か悪いんですか？

世の中を変えてきた偉大な人達は偽善ばかりしてない？

身近なインフルエンサーを例に挙げると、
キングコングの西野亮廣さんはラオスに小学校を建設してプレゼントしたり、
世界の子供達に無償で絵本をプレゼントしたりしていますよね。（自著でも製作費や送料掛かるんだよ、考えろ）
オレの師匠、炎のＹｏｕＴｕｂｅ講演家の鴨頭嘉人《かもがしらよしひと》さんは、
チップ文化を広めるために自身のお店「YAKINIKUMAFIA IKEBUKURO」でチップ文化のモデル店舗を実践しています。

多くの実業家や経営者は莫大で巨額な偽善をしています。
結果、全て返って来て自分のプラスになっている！

って言うか純粋にいい人だから、みんなが応援するんです。

断言しますが……
偽善は、みんなが幸せになる偉大な他者貢献です！

オレは１００人に嫌われても、
１人が笑顔になれる偽善はみんなが幸せになる事だと本気で思っています。

実体験２

２０２２年にオレは人生初のクラファンに挑戦しました。
「他者貢献の絵本こどもギフトｉｎ大分県」というタイトルの長いセンスを疑うクラファンです（笑）。

内容は大分県の子供達に、（もちろんご協力頂いた支援者の地域の子供にも）完全無料で西野亮廣さんの『えんとつ町のプペル』や続編の『みにくいマルコ』などの絵本を配るプロジェクトです。

なんと達成率は463％で139万2000円の支援を頂きました。

ただ絵本の金額分がほぼ全額リターンなので、プラットフォームの手数料でオール赤字です（笑）。

※送料は西野亮廣さんが直接リターン先に送ってくれたよ（笑）。

「え？　メリットないじゃん。髙橋ってバカなの？」

と思われた方に今からそのメリットを述べるから黙って思ってて（笑）。

まずクラファンを応援してくれた人達と、

深いつながりができました！

マジでいいことするとすばらしい仲間ができます！

もちろん、悪いことをしても変な仲間はできるんですけどね（笑）？

そんな素晴らしい仲間達が、その後、西野亮廣さんや鴨頭嘉人さんの講演会を私が主催する時、助けてくれるようになったんですわ！

大事な人を守れ

大事な人を守る。

当然だろって声が聞こえてきます（笑）。

まあまあ抑えて！

髙橋（オレ）の話を聞きなさい。

断言します。
他者貢献できない人は大事な人を守れません。
他者貢献していない人は困った時に誰も助けてくれません。

理由はシンプル。
「貴方が何もしてないから」

他者に貢献できない人が身内に貢献できる訳がない。
むしろ身内にのみ貢献する人は考えがかなり偏っています。
自分や身内にばかり貢献し続けた先に何があるのですか？
狭い世界での満足感は自分自身、そして大事な人の成長を妨げてしまいます。

それでは大事な人を守れません。
本当の優しさとは、他者に与える気持ちではないでしょうか？
我々はもう、【足るを知る】ということを知っています。
美味しい物がコンビニで買えて、
温かい、冷たい、美味しい物が身近に溢れています。
それなのに、人は贅沢にお金を使う。
裕福な生活、ハイブランド、高級車って必要ですか？
そんな事にお金使ってないで、他者貢献してる人の方がカッコよくないですか？
足るを知っている我々だからこそ、他者貢献にお金を使いましょう！

・仲間の挑戦
・被災した仲間

・絵本を読みたい子供
・夢を叶えようとしている仲間

そんな人達を応援することも、他者貢献！
応援している自分ってカッコよくないですか？
貴方が他者貢献している姿をみんな見ています。
そんな素敵な貴方の周りには共に成長してくれる仲間ばかり！
さらに、貴方が応援してきた人達は、貴方が困った時に絶対に応援してくれます！

そして、
貴方と大事な人を絶対守ってくれる！
他者貢献は絶対に返って来るから（高確率で）！

実体験3

2024年1月1日から開始したこの書籍のためのクラウドファンディング『初書籍【他者貢献】を出版し【自分の為に他者貢献】の理念を広めたい』。

こちらでは、これまで応援したり、応援されたりで繋がってきた大事な仲間達が助けてくれて、1日で142万円の支援が集まりました。

最終的には、目標達成率は驚愕の501%、1002万1500円です。

どうですか？

他者貢献な仲間に応援されるということは、こういうことです。

仮に2年前のオレがこのクラファンをやったとしても、この半分も集められなかったと断言します！

これが、他者貢献の威力なんですわ！

大事な仲間を守りましょう！

GIVEは投資

まず貴方に伝えたい。

【投資】という行動は人生全てにおいて重要です。

投資できなければ、お金を稼ぐ事や自己成長は不可能！

お金稼ぎ

自身の成長

学び

恋愛
他者貢献

投資は全てに共通しています！
お金稼ぎにおいて、設備投資、人的投資、投資信託等は福利の効果も得られます。
自身の成長を促す事や学びは講演会の参加、読書、学びのプレゼン、情報商材など
など……。

恋愛にも投資は超々、重要！
お気に入りの異性にプレゼントを贈れば、
相手は貴方にメロメロ（保証はないけど）！

また、自分の容姿に投資すれば恋愛だけでなく、
ビジネスシーンにおいても商談を有利に進められるんですよ！
（男はエロだから美女に弱いし、女性もイケメンだったら許すでしょ？）
現実を認めるんだ（笑）！

この投資が持つ、強大な力を最大限に活かすテクニックがあります。
それを大公開します。
ガチでアンダーラインと付箋です！

それは**【先行GIVE】です。**

ビジネスシーンにおいて基本中の基本。

先に相手に与える、勝たせる。

こんな事は小学生の時点で授業に取り入れてほしいレベルです。

特に入社1年目の新人教育で義務にするように法律改正すべき。

とにかく、**先にGIVEできない人にGIVEは返ってこない**。

もらってばっかり、奪ってばっかりの人にお金や人は集まらない。

だって貴方がいきなり知らない人に道端で声を掛けられたらどう思います？

「すいません、初めまして。お金下さい」

「知らねーよ！」

ってブチ切れてラリアットかますでしょ？

要は**他者貢献**できない人は成功しないんです。

お金持ちほど、他者貢献の精神が強い。

【返ってくるポイントを見極める力が強い】

というこ となんですわ！

テイカーには投資するだけムダだから気をつけてね（笑）。

だから、ＧＩＶＥ投資！

これはねー、オレのいる業界が建設業という義理人情を大事にする世界だから、実感としてよく分かるんですよ。

お中元とかお歳暮というＧＩＶＥ文化にも通じますね。

なぜか、お中元やお歳暮は、送ってこないでと言っても、みんな送ってきますよね？

代わりにオレは送る際は相手に事前に聞きますよ。

お中元やお歳暮で欲しいものありますか？　って！

こういう業界では、5000円のお歳暮で150万円位の解体工事の仕事をもらえる実体験もあります。

義理人情の世界なので、してあげたことは返ってくる・もらったら返す、お返しの循環が効いている環境に生きてきたのでわかります。

先行GIVE（先に与えると返ってくる）文化があてはまってるのかもしれないですね。

実体験4

循環する環境と言えば、会社では【社員の独立】がいい例です。

ウチの会社を辞めて独立する社員がいたら、飯食っていけるように、私はお客さんとかを、辞めてく社員にガンガン紹介します。

で、その後も仕事振ったりとか、めっちゃ応援する。

なぜか？

理由は、ウチの仕事で人手が足りない時、彼らが助けてくれるんですよ。
工事が間に合わない時、手伝って施工してくれたりとか！
こんな風に助けたら助けられる例は山ほどあります。

ただ残念ながら、これができない人が多い。
辞めた社員と社長がバチバチ険悪になっちゃうケースも多いっす。
それって誰も幸せにならないし、得もしないですよね。

貴方はどちらがお得だと思います？

第2章

秒でやるは他者貢献

さて！
この章では時間の大切さ、
秒でやるという偉大なアクションプランについて語ります。

【秒でやる】


軽く感じるこの言葉。

超重要です。

私、高橋貴洋は40年間生きてきて、「ゆっくりやる派」と「秒でやる派」をたくさん見てきました。

で、秒でやる行動は、**超有利**です。

経営者、社員、インターン生に留学生。

学生、恋愛している方、
ＹｏｕＴｕｂｅｒにＶｏｉｃｙなどのＳＮＳプラットフォーマー。

これは全ての職業や挑戦している方に影響する行動です。

結局は、
「秒でやる」しか、勝たんのです。

失敗を恐れていて、じっくり練ってやりたいからと言っている後回し思考の方って
よくいませんか？
このような方が「ゆっくりやる派」。

断言します。

後回しにする

見て見ぬふり

情報を集めてからようやく動く

これらの考えは今この瞬間から消してほしいです。

世の中は必ず「**早い方が勝つ**」ようにできています。

なぜ？

早くやるだけでうまくいくの？

断言します、うまくいきます！

秒でやる人は信頼ができます。
大事にされている感も伝わります。
秒でされると嬉しいです。
秒でやるということは、まさに【他者貢献】なのです。

ということは？

早くできれば「勝つ事ができる」！
実にシンプルです！
早く行動やチャレンジできれば勝てる！
やらない理由はない！
先に動いて失敗しても、早い段階で失敗を積みまくれば後から追いかけてくる天才にも勝ち続ける事ができる！

早く動くはメリットばかり

結論、早く動けない人は損しています。
世の中は早く動ける者だけが勝てるからです（さっき聞いたわｗ）。
スマホ、仮想通貨、ＹｏｕＴｕｂｅ、Ｖｏｉｃｙ、ＮＦＴ、
世の中に出てくる怖そうで理解できない言葉。
貴方はすぐに反応できていますか？

世の中の成功者と呼ばれている人達の共通点は……、
【秒でやる早さが異常】です。

「明日やろうはバカ野郎」

昔からある言葉ですね。

しかし、さらに時代の変化が早い現在では、

「明日やろうは死んじまう」

これ位でもいいいんじゃないかな？

勘違いしちゃいけないんです。

オレを含め、世の中のほとんどは凡人以下。

凡人が勝てる戦略は、天才より早く行動し、学ぶ事です。

まずは認めましょう。

そして少しでも賢くなりましょう。
今の貴方の社会的立場が人生の結果です。
貴方は成功していますか?
(作者の高橋貴洋は成功していませんw)

じゃあどうするか?
誰よりも早く行動しましょう。
我々に時間はない。

実体験5

ウチの会社では、見積もりを【秒で出す】ように徹底しています。
3日でお願いしますと言われたら、1日で出す。

なぜか？

自分の会社の利益や、自分の仕事ばかりを先に考えていたら、早く動けない。
でも、他人や仲間、お客さんのことを考えていたら早く動ける。
だから、秒でやるは他者貢献なんです。
実際、早くて行動できる人は、成績も上がるし、結果も出す。
なので、絶対成長します。
仕事もガンガン飛び込んで来ます。

お客様「他の業者の方が安いんだけど、アンタが早いし、すぐ対応してくれるからお願いするわ」

みたいな話は山ほどあります。

もちろん、早く見積もりを出しすぎて「安くしすぎてしまったー」みたいな失敗もありますけどね（笑）。

ただ、総合的には絶対プラスになっています。

最強の行動

時間に対する最強の行動とはなんでしょうか？

オレが思う最強の行動は？

動く事
やる事
挑戦する事

我々の多くは天才でも秀才でも英雄でも選ばれし勇者でもないでしょ？
たまにヤバいくらい優秀な方いますけど、そんな人は今回除外です。
認めたくない現実ですが、我々のような多数派はそこら辺に転がるただの石です。

しかし！

我々のような石でもダイヤモンドになれる手段が存在しているんですよ！
気になるでしょ（笑）。

それはひたすら**磨き続ける事！**

つまんねえ答えとか言うな！
でもこれ超真理なんだって！

時間の大切さを知る

努力し続け積み上げる
日々学びアップデートする

磨き続け、磨き続け、精神や肉体を削り切ればある程度は光り輝く事はできます。
寝る時間？
就労時間？
リラックスタイム？
NOです。
そんな堕落した言葉を我々凡人が口にしてはいけません！
豚に成り下がりますよ（笑）。
石がダイヤモンド並みに輝くには、時間を惜しみ磨き続けるしかない。

秒でやり続け、努力した先に輝く未来はある。

これ以外にありますか？（あるなら教えて）

実体験6

実はオレって建設業が好きじゃなかったんですよ！（暴露）
子供の頃はゲーム屋の店長になりたいと思っていた（笑）。
きつい、汚れる、先輩が全員鬼のとび仕事やガテン系の建設業がきつくて厳しくてめっちゃ嫌でした。
23歳で独立して法人化したときも、業界の同世代の人から、「あんなヤツが社長やっても潰れるだけだ」とか、ずいぶんと叩かれたもんですわ（笑）
その時は少々寂しかったですね。

ちょっとね（笑）。

そもそもオレってみんなで応援し合って楽しい事したいタイプなので。
そんな建設業が好きじゃないオレでも、
まずはやってみて、行動して、積み上げてきたんです。

そうすると建設業も楽しくなり気が付いたら好きになっていました（笑）。
そやって平成23年に㈱和高組《わこうぐみ》って会社を設立して、
今も順調にやっています。
嫌いでも、とりあえずやってみて好きになり、
努力した先に輝く未来や結果がある。
そのエビデンス（根拠・証拠）はオレという存在です（笑）。

世の中は時間が全て

秒でやる事は超重要。

改めて時間の重要性について向き合いましょう。
我々が生きている社会は超残酷です。
お金がなくなれば、人は罪を犯したり、自死を選んだりすることもあります。
では、お金を得るにはどんな手段が浮かびますか？

1　働く

2　売る

3　もらう

4　借りる

5　犯罪

色々ありますが、

1は安全だが稼げない。

5は危険だが稼げるといった順番になっています。

1から順番に5へと危険度が増しています。

貴方はどこに属していますか？

5の方は秒で自首して下さい（笑）。

時間があれば1がいいですよね？

基本はみんな時間がないから、余裕もない。

だから5に近づく。

時間は重要なんですよ！

たぶん世界の金持ちは1年の寿命10億円でも余裕で買います。

タイムイズマネー！

タイムイズライフ！


時間はお金や幸せを作り出す原料です。

要は【全ての素材】なんです！

最近は、常識や流行の移り変わりがぐんぐん速くなっています。

大企業が明日には潰れる時代。

終身雇用制度の終わり、新しいアイデアが生み出せない企業や個人事業主は淘汰されていく。

これは企業も社員も残酷ですが条件は一緒です。
そんな残酷な世界を生きていくには何が必要でしょうか？

絶対**【速さ】**一択！

失敗を恐れずに速く挑戦する人！
失敗を重ね続け、速く新しさを生み出せる人！
速さは全ての行動の中で一番重要！
返事、返信、行動、選択、共有、発信！

貴方は速さが重要と捉えていますか？

時間の使い方が全てだ！

実体験7

時間の使い方と言えば？

ウチの会社は建設業があまり取り入れないマイノリティ（少数派）な行動をする事で地元で認知を獲得でき信頼を得ています。たぶん（笑）。

例えば社長である私自らがラジオＣＭに出演し放送する。

そしてテレビＣＭにも自ら出て顔を晒します。

大手の建築会社だったら、コマーシャルとか当たり前ですけど、ウチみたいな吹けば無くなる小さい会社はあまりやらない。

そこが攻めどころなんですよ！

なんとテレビＣＭって、田舎ではめっちゃ広告効果が高いんです！

それも普通のコマーシャルじゃないですよ！

オレンジ色の全身タイツを着た他者貢献の妖精達が「他者貢献を唱える」ＣＭとかを流しています。


時にはネットや知り合いに「何ふざけてんだよ！」って、非難もありますが、お堅いマジメなＴＶＣＭよりインパクトがあって、人の記憶に残りまくった方が勝ちじゃないっすか？

若い人にはウケがいいですし、意外や意外、おじいちゃんやおばあちゃんにも人気で、仕事はちゃんと入ってきますよ。

その他にもキングコング西野亮廣さんや、炎のＹｏｕＴｕｂｅ講演家の鴨頭嘉人さんの講演会を主催したりイベントをかましたりしています。

とにかく自分が楽しいと思うことは、率先してやるようにしていますね。

つまるところ、他者貢献とは、

自分自身も楽しむことがとても大事！

時間は返ってこない

貴方は挑戦していますか？

目の前に来たチャンスは逃すと二度と返ってきません。

目の前にチャンスが来たら飛び込めていますか？
上司から頼まれた仕事を断っていないですか？
仲間が一緒に「挑戦してみよう！」って言ってきたら否定してない？
尊敬する人に与えられた道へのチャレンジを理由付けて断ってない？
今の自分には、私には、無理だからとか言ってない？
ヤバいって！
貴方は大きなチャンス失っていますよ！
今が無理なら、いつになっても無理！
だってチャンスは今しかないんだから！
そのチャンスはもう貴方には振り向かないんだよ！

なんでやらないの？
失敗していいんだからまずはやってみましょう！
貴方には絶対できるからまずはやってみよう。
もし失敗してもオレは貴方を応援するよ！
時間は返ってこない！
失敗を恐れるな！

実体験8

そんなオレもあっという間に41歳。
この建設業界って参入のハードルが低いので、若い社長もたくさんいます。
代わりに、既得権益が大好きな老害もはびこっています。
そんな中、40代って若いかもですが、意識してないと精神が老害化しちゃいます。

オレは何者でもない41歳のオッサンですが、何者でもないからこそ時間が超大切だと理解しています。

もっと若い頃から早く動けたことがあったんじゃないか、もっとたくさんの挑戦ができたんじゃないかと、今は後悔ばかり。

今更ですが、今この瞬間から後悔しないように先に進んでいます。

みんなも気が付いたらすぐにおじいちゃん・おばあちゃんです！

超大切な時間を有効に使いましょうね！

第3章

挑戦するしかない

我々は挑戦するしかないんだ！


「なんで？」

「別に挑戦しなくても生きていけるでしょ？」

「安心、安全、楽して生きていきたいよ」


確かにそれも一つの生き方です。

安全で楽で、無理する理由もないかもしれない。

挑戦する事には勇気もいるし。


待てよ？

って事は……、

「勇気さえ出せば誰でもできる」
って事じゃないの？
我々の多くは「**勇気を出せない**」。
勇気を出して挑戦すればチャンスは無限に転がっているんだ！
これに気が付いた貴方は、勝ち確定です。
だって勇気を出せば何でもできる！

才能や
能力や
知性や
スキルや

頭の良さや学歴、特殊能力なんか要らないんだって！
勇気さえ出せば貴方の夢に近づける訳だよ！
やらない道はないでしょ？
ちなみに私は優れた能力を何も持っていない（笑）。
もしも、この本を読んでニヤニヤしている天才の貴方は恵まれているんでしょう！
（羨ましいな！　オイ）
そんな天才の方は少し他の人より近道ができるでしょう。

だけどね！
それだけじゃ絶対足りねーよ！

夢を叶えるとか、成功とか、そんな大きい事ってのは、更に更に更に奥の奥深くに挑戦しなければいけないんですよ！

私は成功の端っこ１㎜にも触れてないので分かります。

自分を凡人で凡才で雑魚だと認めたくないけど分かっている！

貴方はどうでしょう？

成功を掴めていますか？

夢は叶っていますか？

多くの方はそんなに成功体験なんてないって！

どんなにたくさん本を読んでも、

スゴイ経営者の方に話を聞いても、
お高い高額セミナーに通っても、
成功者と呼ばれる方に「今の立場を得るには？」と聞いて返って来る言葉は、我々がガッカリする言葉ばかり！

「裏技は存在しない」
「挑戦するんだよ。失敗を糧にして」

ちくしょう、ふざけんなよ、金返せとか言わないで下さい（笑）。
だってある訳ないじゃん（笑）。

やるんだよ！
行動する！
失敗していいから動く！
失敗をデータにして成功率を高める！
笑われろ！
恥をかけ！

そんな貴方はカッコいいって！

この事実に早く向き合えた人はもう成功者じゃない？
仲間は誰も笑わないって！

貴方は挑戦しているか？

世の中の目立っている成功者には、共通点があります。
それは挑戦し続けているか？

のみです！（断言！）

皆さんの周りでは色んな格差があると思います。

稼いでいる人、
経営者、
医者や弁護士、

税理士や社労士、
政治家、
官僚のお偉いさん、
フォロワー10万人のインフルエンサーなどなど。
自分より立場が上と感じ、憧れの眼差しを向ける人達がいますね。
その人達と自分達の差は？

間違いなく「挑戦したか、してないか」だけです。
してみたいならまずはやってみる。
したくないならやめる。
これだけ。

ならば挑戦してみましょう。
死ぬ時に後悔したくないっしょ？
オレは新しい事バンバンやってみるよ！
絶対に後悔したくないからね！

叩かれることは名誉

貴方は誹謗中傷にあった事がありますか？
誹謗中傷に合っている貴方！
「おめでとうございます！」
素晴らしい名誉です！

誹謗中傷にあった体験がない方！

残念！

貴方はもっと誹謗中傷されないとダメですよ！

え？　バカにするなって？
大間違い！
その考え損しまくっていますよ！

誹謗中傷されるのは、貴方がめちゃくちゃ……
【評価されているから】です。
目立っている！
行動している！
輝いている！
だから眩しい！

貴方はそれだけ輝いているんです！

ネットやＳＮＳで書かれる悪口ありますよね。
不愉快と思うのは大間違い！
叩かれている状況は最高です。
そのアンチは貴方に夢中で熱中でモテモテ状態！
貴方が行動や挑戦して「**目立って輝いているから**」、
アンチが沸いているんでしょ？
アンチは貴方の大ファン。

だってアンチは自分の人生の貴重な時間を使って、貴方に関心を向けているから。
貴方の事が超大好きなんですよ（笑）。
なんて迷惑なファンだよというツッコミは置いておいて、冷静に考えてみましょう。

彼らはその執着心で貴方の事を「無料宣伝」してくれてます。
なんてありがたいんだと、アンチさんに感謝を伝えましょ！

【アンチさんあざっす！】

誰よりも粘着質で悪い評価をしようと必死。
親切に知名度や影響力を高めてくれる広告宣伝をしてくれる。
なんてありがたいお方達。
彼らの声援を背中にもっと挑戦していきましょ（笑）。

実体験9

――絵本を配ったり、講演会を主催したりしていると、さまざまな人に、誹謗中傷も言われます。

元請けの社長と現地調査に行った時も、「お前、あの絵本配り、なんのためにしよんのか？」とか。

なので「社長もやったらどうですか？　100万円配れば、150万円の仕事に繋がりますよ」と、言い返したりしていますけどね。

自社の協力会社の社長ですら、「高橋社長がやっていることは理解できないですねー、まあどうなるか期待して見てます」なんて言われます。

要は新しいことや前例がない行動は目立つのでしたくない訳。

でもこれってチャンスじゃない？

ライバルはあまりいない。

やりたい放題ってこと。

最高の舞台がガラ空きで楽しい事し放題じゃないですか（笑）。

あとはアンチの話。
笑うヤツは笑わせとけばいいじゃない（笑）？
意識してくれてありがとうって言ってやりましょ（笑）。

「どうも熱烈ファン（アンチ）の皆様！
いつも広告宣伝してくれてありがとう、いつも助かってまーす（笑）」

失敗は成功の材料

失敗は何度しても大丈夫です。

ただ再起不能になる失敗はダメ（笑）。
全力で挑戦した上での失敗は超ＯＫです。

誰しもが挑戦して成功するなら、
世の中は成功者とインフルエンサーや偉大な経営者で溢れかえっています（笑）。
ではなぜ、世の中は成功者と平凡な我々で分断されているんでしょうか？
それは　**失敗が怖い、痛い、辛い**に耐えられない人が多いからです。

世の中の成功している人や目立っている人は、実は失敗ばかりしています。

「嘘だー！　そんな風には見えないじゃん？」
って思ったでしょ？

ところがどっこい！

成功者は失敗を全部言わない。
大体は隠しているんじゃなくて、忘れてんのよ。
もう失敗なんか慣れているからどうでもいいのよ。
痛くも痒くもないんだもん。

中にはカッコ悪いとか、ブランディングが重要って人もいるけどね（笑）。
でも、多くは隠さないです。
だって失敗を語った方がみんな協力してくれるでしょ（笑）？

彼らの過去は全員共通で間違いなく、**失敗だらけ**。
だからオレ達凡人も**【失敗しまくっていい】**って訳です。
めちゃくちゃ失敗しまくりましょ（笑）。

実体験10

オレも思い返せば、人生は失敗だらけです！
笑われたり、借金1億あったり、オデコが広がってきてたり（笑）。
嫁さんと子どもが、4年くらい家を出て別居していたし……。
会社が今にも潰れそうになった時期もあります。
ただ失敗したからこそ、得られる体験もありました。

起業して４年目。

見積もりで大きな失敗をしたことも何度もあります。

お金が回らなくなったのです。

その時、同じ大分県でお世話になっていた会社の会長さんに相談に行ったんです。

「すいません！　もう潰れるかもしれません！」

「ダメ元でお願いします。３００万円貸してもらえないでしょうか？」

会長さんは、「ほう。事情聞かせてくれ」と言ってくれました。

事の顛末を説明している間に、会長の奥さんがチャリンコに乗ってどこかへ出て行ってたんすよね。（あれ？　自分の外車で行かないの（笑））。

そしたら、奥さんが戻ってきて、封筒をポンと会長に渡したんですわ。

その封筒をポンってオレに渡してくれて中を見たら、現金３００万円が入っていて、ドン引きです！（現金!?）

めちゃくちゃ嬉しかったですね！

一生忘れられない恩をGIVEしてもらいました。

この体験が私の**【他者貢献の原点】**です。

もちろん、今まで会長の会社で人手が足りない時にお手伝いしていましたが、こんな助け方ってあります？

めちゃくちゃオレへの先行GIVEじゃないっすか？

投資価値のない若造にいきなり300万円？

オレにはできませんよ！

こんな人になりたいと思いましたね！

(もち300万円は350万円にしてお返ししています)

【他者貢献】

要は他人にいい行動をすれば、遅かれ早かれ、必ず返ってくるんです。

強烈な実体験です。

その会長さんは外見もダンディーでイケオジです（笑）。

オレは今もあの方のファンなので皆さんもファンになって下さい（笑）。

自分を誰より信じろ

めちゃくちゃ**最高の自己啓発のターン**です（笑）。

貴方は自分を信じていますか？

まさか！

【実力がない】
【才能がない】
【頭が悪い】
【容姿が悪い】
【恵まれていない】
とか思ってないですか？

オーマイガー！

ちなみに私は全部当てはまっているアホな雑魚キャラです（笑）。

だけど会社を3社経営し、一代で売上約3億円、社員15名ほど、
地元ではTVCMやラジオ番組に出演したり、
知名度はそこそこある立場である。ドヤ！
ではなぜこの雑魚キャラの私でもここまでなれたのか？
それは　**自分を誰よりも超信じている**……から。

私は昔から自分のみでやれる事には自信満々です。

例えば小学校の時にサッカー部の先輩に、

「お前らの得意なポジションや特技を教えろ」と言われた時に返した言葉。

「自分は天才なんでどこのポジションでもいけます」

クソ生意気で初日に先輩に目を付けられましたが、友達は爆笑（笑）。

しかしそう言ってしまうと後に引けないので、
フォワードになれるように努力を重ねて、たまに試合に出場したりしてました。

要は自分を誰よりも信じ、自信を持つこと。
それが成長や成功体験に繋がるって事ですわ。

根拠のない自信を持つ
めちゃくちゃ素敵でカッコいいと思います！
誰よりも自分を信じて、自分に自信を持たせてあげて！

実体験11

オレはどんな事をしても、結果を出せる、要は成功できる自信がムダにあります。
しかし、才能や能力は全くない。

けど、諦めない。

だからいつか成功する事ができる。

自分を誰より信じているから！

悪いとこもいっぱいあるよ！

物忘れがひどい（秒で忘れる）。

社員達もみんな知っています（笑）。

しかしなぜか昔から何でも継続してれば絶対にいつかはできるって思い込んでいます。

その思い込みを続けていると、成功する事ができる。

そうして成功体験が積み上がっていく。

会長が300万円を貸してくれたことだって成功体験ですよ！

お金借りるって簡単じゃないよ！

信用が絶対的に必要だからね？

最近2024年の1月1日から開始して2月末に終了したクラファンで1000万円を集めたことも成功体験。

「オレなら個人で500万は行くでしょ？」

と豪語していた結果がこれ。

自分を信じて、必死に、真剣に、情熱持って動けば結果は出る！

だから、貴方も誰より自分を信じてあげて下さい。

オレが断言します！

「貴方は絶対うまくいく！」

諦めない限りね（笑）。

第4章

感謝は偉大

この章では感謝の偉大さや大事さ、そして愛について語ります。

感謝って、めっちゃ大事よ?

いきなり何ブッ込んできたんだよコイツって思ったでしょ?
感謝って、するだけ損は何もないし、メリットだらけの行為です。
貴方は会社やチーム、家族に感謝していますか?
いつも会える人達は居てくれて当たり前じゃないんですよ。

不慮の事故で亡くなってしまったり、
転勤や引っ越しで会えなくなったり、
急に連絡が取れなくなったり、

超嫌われて取り合ってくれなくなったり……。

さまざまな可能性があります。
だから日頃から感謝しまくりましょう！
感謝されて嫌な気持ちになる人はいないでしょ？

感謝は**最高のコミュニケーションツール！**
そして、**感謝は幸福を招く行為！**
もう一つ言えば、**感謝も他者貢献**なんです！

どうですか？
貴方が尊敬する人は、他人に感謝しまくっているでしょ？

ごくまれに、
「オレはお前に色々してやっているから逆に感謝しろよ」とか言う人もいます。

ダサくね？

人に感謝できない人は絶対に人に感謝されません！

今この瞬間から、貴方も家族や両親、子供や仲間、
他者貢献でつながる人に感謝しまくりましょう。
言葉にして伝えてあげて下さい。
必ず幸福が貴方に舞い込んできます！

今を生きている事

貴方は明日死ぬと分かったら何をしますか？

「めちゃめちゃ遊ぶわ」とか言うなよ（笑）。
きっと大切な人に改めて感謝すると思うんです。

大好きな人への感謝や愛の言葉
共に働いてくれた仲間への感謝
一緒に住んでいる家族への感謝
人生に関わってくれた人への感謝

実際この広い世界で今自分が生きているという事実。
これだけでスゴい奇跡じゃないですか？
この奇跡に感謝するでしょ？

【今生きている事を感謝すべき】

シンプルに、これな？
だからみんな感謝しましょう。

大切な人に、地球に感謝して言葉にするのです！
※スピリチュアルみたいになってきたな（笑）。

今を生きていることに感謝！

実体験12

まずこの本をここまで読んでくれている素敵な貴方。

社員や仲間に「いつもありがとう」って言ってみて下さい。

「みんながいてくれるからやっていけるんだよね」

「感謝してるよ」

って。


そうすると、感謝が返ってきますから。

会社関係の仲間だと仕事の成果として返ってくる事も。

ビジネス相手も同じですね。
なんかやってあげている気持ちで取引していると、
それが伝わって、いい関係にならない。
それが、いつも「ありがとうございます」と言える関係だと、
そういう関係が一番お金を産みますし、
幸せを招いてくれるんです。

当たり前はない

いきなりだけど、みんな勘違いしてまっせ！

今を生きられているだけで感謝だってさっきも言いました。

この世界に生まれてくる確率知ってる？

約3億分の1ですよ！

超ミラクルハイパー奇跡！

宝くじの一等（仮にここでは1億円の宝くじ）で、

【この確率ヤバない？】

可能性は大体1000万分の1です。

生まれ落ちた時点で、一生分の奇跡を勝ち取っています。

我ら存在している時点で勝ち組、じゃん。

だからさ。

どんなに辛いことがあっても、

嫌なことがあっても**自殺や自傷行為はしちゃいけない。**

この地球に生まれ落ちた奇跡。
ありがたみを再実感しましょうよ？

悩みがあったり、病んだりしたらこの他者貢献の高橋貴洋が話を聞こう（笑）。
ＳＮＳでＤＭでもしてくるがいい（笑）。
貴方が病んでいることは宇宙ではミクロ以下の悩みです。
解決策は絶対にあります！

３億分の１を勝ち取った我々ですよ？

悩む時間がもったいなくないですか？
悩みはさっさと解決して、誰かのために**【他者貢献】**しましょう！
きっと貴方を大事に思ってくれる家族や両親いるでしょ？
絶対喜んでくれるはずだよ！

大事な人に感謝を伝えよう

感謝の大事さが骨の髄にまで染みたんじゃないかと思います。
今から貴方の大事な人やご両親に感謝を伝えてみませんか？
ＬＩＮＥでもメールでもいいんです。
ご両親や育ての親に感謝してみましょう。

びっくりして、「どうした？　頭がイカれたのか？」と心配されるかもしれません。
照れる必要なんかないですわ！（笑）。
その感謝は必ず大きな感謝となり返ってきます！

貴方にはお子様がいますか？
感謝できる子に育ってほしくないですか？
孫が感謝しない性格になったら嫌じゃないですか？
「おいジジイババア！　さっさと小遣いよこせ！」って言われたくないでしょ？
しかも小遣いをあげてもありがとう言わないんですよ？
なんでそんな子になったのか？

貴方が感謝を伝えていなかったから。
子は親の背中を見て育ちます。
我々は子供達、未来のために感謝を伝えるのです。

そうと分かれば、
今すぐ、秒で大事な人や身近な人に感謝を伝えてみてください。
絶対に幸せな気持ちになれます！

感謝は愛を伝える手段

感謝を伝えるのは恥ずかしい？
その恥ずかしいは、大損してまっせ？

なんで自分の事しか考えられないんですか？

貴方も他者から感謝されたら嬉しいでしょ？

「ありがとうございます！」

「嬉しいです」

「助かりました」

って言われたら、
その人の事、ちょっと好きになりませんか？

なるでしょ？


感謝を大事な人に伝えていない自分は損してるなって思いませんか？

え？　なんですって？

大事な人に感謝を伝えるのが照れくさい？

感謝した方がお得なのに恥ずかしいってのは損ですって！

相手にも好かれる感謝。

殻を破り積極的に感謝していきましょう。


しかしなぜ人は素直に感謝を伝えられないのか？

それは日頃から、

「愛を具現化して伝えてないから」

【好き】や【愛してる】って言われて嫌な人はいないでしょ？

人は承認欲求を満たさないと幸せになれない。


好きな人にハッキリ感謝を伝えましょう！

貴方もこの本読んだ時点で、感謝を伝えないと爆発する病になってます！
【他者貢献＝愛を伝える】なんですよ！
私もこの本買って読んでくれる貴方が超大好きです（笑）。
ありがとうございます！（土下座してます！）

第5章

NFTと他者貢献

最終章では最近【冬の時代】や、
【オワコン（※終わったコンテンツ）】やら、
言われているNFT（ノン・ファンジブル・トークン）と、
他者貢献の関連について述べていきます。

NFTは【仲間と繋がるコミュニケーションツール】であり、
【素敵な仲間と出会えるツール】です。

私はNFTの世界に関わってきて、大きな影響を受けた人を見ました。

人生が変わった人
大事な仲間ができた人

承認欲求を満たす事ができた人
他者貢献に目覚めた人
お金稼いだ人（笑）

冗談抜きで、ＮＦＴで生計を立てたり、
その中で稼げるようになって会社を設立している方もいます。

ウチの会社、㈱和髙組も【ＣｏｏｌＧｉｒｌ】という、
ＮＦＴプロジェクトとコラボさせて頂きました。
私自身も、ＮＦＴの世界で知り合った素敵な方々はたくさんいます。
イケハヤこと、イケダハヤトさん率いるクリプトニンジャパートナーズ、

日本最大のＮＦＴコミュニティの皆様、
ＩＣＣ（イチヤ書道コレクション）の一夜さん、
クールガールコミュニティの皆様、
鴨頭嘉人さんとＡＩアーティスト窪田望さんの鴨ＤＡＯの皆様……。

全部を記載できないほど、素敵な方々との出会いの連続でした。
ＮＦＴ自体は全て資産的な投資商品ではありません。
株や金融商品とは大きく違う特徴のコミュニケーションツール。
それがＮＦＴです！

ＮＦＴ＝他者貢献！

実体験13

そもそも、ＮＦＴ自体が、応援するという文化を根底に持っています。
だから、ＮＦＴを通じてできた絆はとても深い。
色んな挑戦を応援してくれる人達ばかりです。

・講演会の応援（ボランティア参加）
・クラファンや本等の商品購入
・クラファンの広告宣伝
・フォロワーの獲得協力

みんな、ＮＦＴを通してできた仲間が助けてくれました。
ＮＦＴって、機能じゃないんですね。

コミュニケーションツールという価値なんです。

そして作者の応援や仲間作りができる事が価値なんです。


最近は「NFTはオワコンだー」と言われていたりしますが、私はこれからだと思っています。

NFTは初期では主に投資価値が注目されていました。違います。

真の価値にみんなが気が付けば、全く違う世界が出てくると思いますよ。


オレはNFTで出会えた他者貢献な人達が、マジで超大好きですから。

コミュニティの強さ

いきなりですが、
コミュニティ（集団）に入っているだけで生活ができる時代になりました。
ガチです。
なぜか？
それはコミュニティ内では支援や応援をし合うからです。
私が明日から路上生活者になっても、コミュニティの仲間が食わせてくれます。
（大マジ）

現代社会のコミュニティは他者貢献や応援文化でできています。

私が北海道のコミュニティ仲間に会いに行くために、
旅費をカンパしてとSNSで発信すると10万円が集まります。

「YAKINIKU MAFIA IKEBUKURO」に行くからチップ下さいと言うと、30万円集まりました。

ホントに秒で集まります（笑）。
※2023年10月に実際に集まっています。
なぜか？

答えは、面白いものを応援する文化が強くなってきているからです。

「物の利便性や価値」より「買う理由」が重要になってきています。
機能より意味が重要性を帯びてきたとも言えます。

例えるなら、
貴方が水を買うとしましょう。
次に挙げる2パターンだと、どちらから買います?

・仲間が経営しているお店の水。
・知らない自販機の水。

もし2つの水の値段が一緒だったら?
どちらを買いますか?

仲間（コミュニティ）が販売しているお店で買うでしょ？
また、クラウドファンディングで欲しいリターンが一緒の場合はどうでしょう？

仲間が出しているリターン。
知らない人が出しているリターン。

同じ金額の場合はどちらにしますか？

9割の人が仲間のリターンの応援をすると思います。
むしろ少し高くても、仲間のリターンを支援しませんか？
お金や応援は「誰に使うか？」がメインの時代です。

仲間に「時間掛けて作ったから買ってくれよー」って真剣に言われて、うんこみたいなデザインのＴシャツ買っちゃったりした事ないですか？（私はあります）

うんこも売れるコミュニティって強力でしょ（笑）？

そしてコミュニティも今は山ほどありますよね。
オンラインサロンなんて、星の数ほどありません？

これ読んでいる方で、コミュニティに属していない方は損しています。
私も色々入っていますが、ハッキリ言って【得しかない】。
なんか【宗教】だとか【詐欺】だとか言っている人もいますが、とんでもない！

メリットだらけ。

仲間が増える。
商売の幅が広がる。
旅行に行って仲間を頼れる。
仲間のお店使って楽しいし感謝される。
お金も増える（支援応援）。

なんで入らないのよ（笑）。

私のおススメは、
【西野亮廣エンタメ研究所】

【鴨頭嘉人さんの鴨Ｂｉｚ】
この２つはめちゃおススメです。

私は西野亮廣さんや鴨頭嘉人さんを応援しているお陰で、
仲間や経営者のつながりが増え、
その仲間に支援しまくってもらい、逆にプラスになっています（笑）。

まずは皆さんコミュニティに入ってみてはいかが？
合わないと思ったら秒でやめればいい訳ですから。

コミュニティの魅力はこれだけじゃなく、
最高のフィルター（選別機）にもなります。

それは【理念の共有が容易になった】という事ですね。

他者貢献なコミュニティには他者貢献な方が集まり、
応援を推進するコミュニティには応援する方が集まり、
挑戦する方達が集まるコミュニティには挑戦者が集まる。

逆に、
誹謗中傷ばかりするコミュニティには誹謗中傷する方が集まり、
自分勝手な方が集まるコミュニティには自分勝手な方が集まり、
威張っているコミュニティにはやはり威張っている方が集まる。

今まさにコミュニティは、人を選別する**強力なフィルター効果**を持っているんです。

貴方が所属したい場所（コミュニティ）を選べる時代になっています。

ＮＦＴに感じる絆

ＮＦＴを扱っている人は比較的、有能な方が多いと思っています。

行動できる人（秒でやる）
挑戦できる人（勇気を出し踏み込める）
感謝できる人（相手を思いやる気持ちがある）
未知の領域に踏み込める人（リスクを背負える）

お互いを応援できる人達が集まっています。

※もちろん全ての方じゃないですけどね（笑）。

そしてイノベーター（革新者）思考な方々が集まっています。
ＮＦＴと言ってもたくさんありますが、
主力はＰＦＰ（プロフィールピクチャー）というものです。

ＮＦＴ商品や作品を買う際の判断には、

「どんなクリエイターなのか？」

が大きいです。
※私はこれをメインに買っています。
作品のファウンダー（創設者）やクリエイターがどんな人なのか？

この感情は大きいです。

ＮＦＴ商品を買う時の最重要要素だと思います。

私はクオリティを気にしたことがないから（笑）。

ビジネスも一緒。

私は保険商品も、
代理店（担当者）が魅力的か、
ＧＩＶＥしてくれているかで選んでいます。
これ大きくないですか？
私は保険商品を全部入れ変えたりする機会が1年に1回ほどあります。
そのタイミングは【担当が辞めた時】ですね。

保険商品を売っている方で「なるほど」と思った方は、ぜひ活用してみてはどうでしょうか？

実体験14

保険の話は奥が深いです！
ウチの会社には保険の営業さんがよく来ます。
いきなり会社に来るんですけど、ハッキリ言って「クソウザイ」。
だってこっちの時間を奪っているんですよ？
営業に付き合う理由はないんだから時給を払ってほしい。
いきなり時間を奪うのならGIVE持って来いよ。
嫌なら来るな、マジで来ないでほしい。
営業の基本ができてない方に伝えたいのが、「先GIVE」。

ＧＩＶＥするものは、たくさんあります。

お金、情報、相手が好きな茶菓子、飲み物、情報。

※ここは調べとくか数種類を準備しておきましょう。

相手が何を欲しているかを知ることは、まさに【他者貢献】！

儲かりそうな情報なんか経営者は超喜びます。

これだけで距離が近くなりませんか？

相手の大事な時間を溶かすことだけは絶対にしない。

世の中は今、機能より意味が重要になってきています。

同じ商品でも、

・誰が売っているか？
・面白いか？
・相手はＧＩＶＥ返しをしてくれそうか？
・感謝してくれるか？

意外にＮＦＴの世界はここら辺が共通しているのよ！

支援や応援の力がＮＦＴには秘められている

ＮＦＴ商品が売れるか、支援を集められるか？

これはクリエイターのモチベーション、支援や応援の力が大きいです。

ファウンダーの魅力
クリエイターの情熱
両方の理念（作品に対する愛や想い）
作品の過程（プロセスの魅力）
発信による魅力の拡散（両方の努力）
最後に品質（クオリティ）

が、重要だと思います。

※買い手によく回る私の感想（笑）。

ＮＦＴに個人で３００万円程、応援投資をしてきた個人目線です。

正直、クオリティが良くても、

ファウンダー（作者）やクリエイターが購入してくれた方に対し、

感謝の気持ちがない、お礼の言葉もない作品は二度と買わない。

付き合いもしたくない。

ＮＦＴは特に支援や応援の力、要は【他者貢献】にスゴく似ているんですよ。

結論、

他者貢献しか勝たん（笑）。

本当にＮＦＴで勝つには他者貢献が必要不可欠だと思っています。

実体験15

そんな他者貢献が溢れてそうなNFTの世界も、
自己中でNO他者貢献なテイカーもいます。
購入されても「あざっす」だけ。
挙句の果てには「また、買ってくださいよ」とか吐き捨てる（笑）。
ヤバいアホはいます。

私はNFTを購入する選択肢の一つで、
販売主が【他者貢献】であるかどうか。
かなり調べます。
ここめっちゃデカイ！

他者貢献な方とはお互い支え合いながら、高め合える。
そこもNFTの魅力オブザ魅力。

NFT＝他者貢献

web3時代に訪れたコンテンツ【NFT】。

我々の生活やコミュニケーションツールとして、
これからも大きく貢献してくれるんじゃないでしょうか？
今はNFTが冬の時代やオワコンと言われていますが、
間違いなく復活すると確信しています。
なぜならNFTには無限の可能性があり、

ファウンダー達の熱い思いが全く衰えていないからです。

ＮＦＴ作品に対する思いや情熱が、

他のコンテンツ（ゲームやアニメ）を巻き込んで時代と共に必ず復活すると確信しています。

そもそもお金を稼げるし。

コミュニティパスポートのチケットみたいな役割もある。

ファンコミュニティの中で持っているだけで仲間と思えるＮＦＴ。

みんなをつなぐメンバーカードなどの可能性も秘めてますよね。

ＮＦＴって販売促進になるし、所有権の権利も持てるんで便利！

これから本の権利もＮＦＴになる時代が来るのかも？

新しい可能性や挑戦にワクワクしますね。
実はこの本の表紙の権利や背表紙もＮＦＴにしたかったんです。
権利がオレにないのでＮＧだったんだけど（笑）。
※どうなってんのよ鴨ブックスさん（笑）。
いずれこれが普通の時代になれば、
ＮＦＴとして表紙が権利とか絶対に面白いでしょ？

次は挑戦してみます！

おわりに

【この本を手に取ってくれた貴方へ】

ここまで読んでくれた方へ、本当にありがとうございます。
控えめに言って、貴方はかなりの変わり者（笑）。

だって【他者貢献】なんて奇妙なタイトルの本を買ったり読んだりしませんよ、フツー。

私はよくこういう発言をしています。
「他者貢献は最高だよ！　だって自分のために仲間や知らない人に貢献して感謝されてお金も増えて戻ってくるんだぜ？」

すると熱烈なファンの方達から熱狂的ファンコールを頂けます。

【偽善者！】
【宗教！】
【ダサい！】
【嘘つき！】
【金のムダ！】
【アホ！】

めちゃくちゃ言われるんですよ（笑）。
だけど、１００人の内の１人に共感してもらえたらいいって思っています。
そう言い続けて来たから、

【他者貢献】
自分の為に他者に貢献する理念を持つ同志。
そんな最高な仲間が増えまくっています！

他者貢献な人って、いつも学び、挑戦し、誰かを応援しています。

マジで、
最高で天才達の集まり、
じゃないですか？

だって、**仲間や他者を幸せにして感謝される**んだから。
今はそんな仲間達が北海道から沖縄、

そしてイギリスやオーストラリアにまで拡大しています。
そんな世界中の他者貢献な仲間達がいるから立ち止まれない！

だから私は、
誰に何を言われようと、
世界中の人に嫌われようと、
女にモテなくなろうと、
家族に嫌われても、

これから一生折れないこの理念を、世界中に広げていきます。
【他者貢献】の理念を掲げると、いつも笑われたり、
怪しいと言われたり、

誹謗中傷されまくりですよ（笑）。

上等ですわ！

それでもオレは自分の理念は絶対に曲げねえ!!

「自分のために他者に貢献する」

貫き通してみせます!!


そして、この本を読んでくれている貴方も自分の理念を持ってほしい。

【他者貢献】って理念でもいいし、自分独自の理念でもいい。

貴方が掲げる理念は、迷いが生まれた時に必ず導いてくれます。

その理念が必ず道を照らしてくれます。

だから理念を今から秒で作ってみて下さい。

思うは　十分の１！
やるは　百分の１！
継続は　千分の１！
成功は　万分の１！

共に秒で行動し、自分の人生をいい方向へ変えていけるように。
そんな貴方に読んで頂けて光栄です。
今この瞬間から、挑戦していきましょう！
本当にありがとうございます。

他者貢献な貴方へ、

どんなに辛いことがあっても貴方は一人じゃない！
他者貢献な方がいる限り日本は捨てたモンじゃないって！
共に他者貢献に踏み出しましょう！
ではまた次の書籍でお会いしましょう！

追伸：こんな最高で変な本の出版協力してくれた鴨頭嘉人さんと鴨ブックスさんにウルトラ感謝です！

※鴨ブックスさんに一切責任はありません（笑）。

㈱和高組　社長　髙橋貴洋（他者貢献を世界に広める男）
2024年（令和6年）4月

この書籍を応援して
くださった方々

▼黒い歴史から希望の光へ

他者に貢献する。というテーマの高橋社長の本に、他者の幸せを願う私の事業を紹介できることを心から嬉しく思います。

まず私の黒歴史について話しておきます。

元々福祉の仕事に熱くて、子どもの頃から介護を目指していたかというと……実はそうではないのです。車やバイクが大好きで自動車の板金塗装の仕事をしていましたが、自分の好きな仕事がイヤになったことがありました。

そこから、なんとなく「おじいちゃん・おばあちゃんと遊んでいれば金になる仕事っていいな」という、何でもないきっかけで入ったのが福祉の仕事でした。おじいちゃん・おばあちゃんと関わっていたら、おじいちゃんが

「ありがとね」と言ってくれるのです。

ろくでもない私が、こんなに世の中の人に役に立っているのだなと思った時、高齢者の生活を幸せにする仕事を自分は将来の仕事にしたいと思い、そして学び続けることを決めました。

介護の資格を取るため、必死で学んでいる私の姿を見た弟も「介護の仕事に就きたい」と介護福祉士を目指したのです。

「兄ちゃん、いつか自分たちの理想の介護施設を作りたいね。

じいちゃん、ばあちゃん、働く職員も、みんなが笑顔になるような施設を作りたいね」

夢を語り合った弟は二十三歳で夢が叶わず白血病で旅立ちました。

その弟との約束を果たすために、会社名に弟の名前『晃希』を付けたのです。

▼私たちは幸せを提供する専門職です

介護福祉の仕事は『おじいちゃん・おばあちゃんのお世話』
というところがあるのですが、
この仕事を通じて、実はその先にある

『おじいちゃん・おばあちゃんの幸せを願っている』

それが、私たち介護福祉の専門職です。

では、私たちが介護福祉士の仕事に誇りをもちながらどんな活動しているかというと、住宅型の有料老人ホームという施設の経営と、おじいちゃん・おばあちゃんが通う施設を経営しています。
そこでは、介護福祉士の仕事にやりがいをもつ仲間が一緒に働いています。施設には生活に困りごとがある、生活につまずきがある、おじいちゃん・おばあちゃんが生活を営み、通っているのです。

私はこのような施設で働いている人たち、または職能団体・専門職の団体・専門家と学び合っています。そこで研修をしたり、または専門学校で講師をしたり、専門的な知識や技術を使ってＹｏｕＴｕｂｅで発信しているのです。
だから私は介護福祉士でありながら介護福祉専門性を活かした社長という仕事や、ＹｏｕＴｕｂｅｒの仕事、また講師・先生の仕事が可能になっているのです。

専門的な介護知識から幸せを提供している。
そんな専門家が介護福祉士です。
これからの時代いろんな可能性あると思っています。

株式会社晃希
代表取締役
髙橋 将弘
（まちゃぴろ）

介護福祉業界の
革命家
髙橋まちゃぴろ
lit.link

人生を美容で美しく

株式会社ビーズ

美容には世界を変える力
がある
髪型が変わった瞬間、世
界が変わる
もし　辛いことがあった
としても　目の前の自分
が美しくなったとしたら
きっと未来はよいことが
起こりそうな感覚に堕ち
る

僕らはその人の人生を
この手で左右することが
できる
だからこそ努力し学ぶこ
とができ人として成長で
きる
美容師として　お客様と
一生歩むことを創造する

お客様もスタッフも
一生ビーズで

それが株式会社ビーズの
進む未来である

インスタグラム
@AMOR.TAKASHI

始めましたっ…「もーりー♂」てすっ迂闊にもっ⁉…「髙橋イケメン社長貴洋他者貢献尊師」の「理念」につ…うっかり共感してしまいっ…相方の「うめコス」と二人で日々の活動に「全力」でっ…「微力」を尽くしておりまつ

「Twin Soul」（ツインソウル）というコンビ名で、相方の「もーりー♂」と活動し始めた、「うめコス」です。

私は生まれつきの病気「骨形成不全症（こつけいせいふぜんしょう）」という病気で車椅子ユーザーです。

これから自身の経験や体験を元に、子ども達や障がいを持つお子さんがいらっしゃる保護者の方に向け、講演をしたいと思っています。（もちろん、当てはまらない方も…）

今後、活動の場を広げていきたいので、講演依頼などありましたら、是非ご連絡下さい。

よろしくお願い致します。

TWIN SOUL
MORRY & UMECOS

Lit Link

https://lit.link/twinsoul

Morry

毛利博文
Hirofumi Mouri

UMECOS

奥水梅香
Umeca Okumizu

山本グループ51のたい焼について

山本グループ51は、株式会社日本一たい焼とフランチャイジー契約を結んでいるグループです。

＊新規ＦＣ募集はしていません。

「このたい焼きは、日本一たい！」

看板に堂々と「日本一」を掲げるたい焼き屋さんがある。それが『日本一たい焼』だ。

日本一を謳うそのたい焼き屋さんには、３つのこだわりとも言える他店との違いがあることを発見した。

①あんが違う

たい焼きに使用する『自家製あんこ』は、北海道産の厳選された小豆を使用。博多の名菓のロングセラー『博多の女』を作っている福岡のお菓子メーカー『二鶴堂』がプロデュースしており、50年以上の月日をかけ研究に研究を重ねてできた、決してどこにもマネできないものである。

②生地が違う

日本一たい焼は、外側の皮にあんこが透けるほどのサクサクパリパリとした皮のたい焼きが食べられる。生地は日本一たい焼独自ブレンドのたい焼き粉と調温された水を日本一たい焼独自の加減で空気を入れながら混ぜている。おいしい「サクサク薄皮」のために職人が心を込めて焼き上げる。

③技が違う

焼き手の教育としてこだわりの研修を行っている。３カ月に一度の焼き方点検に、年1〜2回の検定試験を実施。認定試験は1級から6級までのランク付けがあるが、1級の職人になるには5年以上の修行が必要だ。それほど技にこだわり抜いている。

これらの違いが、多くのお客様に愛されるたい焼きであり続けるのであろうと思い、自身も凄腕の職人である山本社長に話を聞いた。すると意外な答えが返ってきた。

「もちろん、たい焼きへのこだわりは絶対です。でも、それだけではいけません。」

「たい焼きは食べ物じゃない。家族の思い出を作るアイテムなんです。それが僕にとっての日本一たい焼です。」

そう言い切る山本社長が大事にしているのは、家族の笑顔。

社長の想いは確かに、山本グループ51のキャストさんにも伝わっていた。

岡山高梁ロマンチック街道店で働く川村さんは言う。

「前職では感じることのなかった『日本一たい焼』ならではのやりがいやお客様との心のつながりを大切にしてきました。ウチはたい焼きしか売っていないからこそ、入店からお客様を感動させたいですし、笑顔にしたいです！」

山本グループ51のキャストさんたちのこだわりは、たい焼きだけじゃない。お客様に笑顔を届け、人とのつながりを大切にしつづける体験を毎日していた。

「素晴らしい仲間と一緒に、もっとこの笑顔を広げていきたい。」

日本一の味であり、家族の笑顔を引き出すアイテム。

山本社長の求めるたい焼きと働く仲間たちが、長く愛される理由がそこにあった。

メディチ家51について

『日本一たい焼』は、その特徴である『薄皮パリパリ、あんこたっぷり』のたい焼きを焼けるようになるために、研修を設けています。

しかし、研修を通して誰しもが簡単に理想の一匹が焼けるようになるわけではありません。たい焼きは、天候や焼き手自身の疲れ具合に左右されるほど繊細であり、焼き方を教えてもらったからできるといった単純なものではありません。

私は、たい焼きを焼くのがうまくなるコツは、『自分の火を掴むことだよ』と言っています。10人の焼き手がいたら『自分の火』は、みんな炎の高さが違います。それは、何センチという風に定規で測れるものではありません。それを自分で身に着けていくんです。自分の火は、自分で掴んでいくんです。

それはなにもたい焼きに限った話ではありません。人生も同じです。

今度は自分が、山本隆司に出会って良かった、ジョージに出会ってこうなった、と言われる存在になりたいです。

私自身の新しい心の火。「株式会社メディチ家51」は、鴨さんの応援を中心に、夢に向かって挑戦する人を応援し、あなた自身の心の火を灯していきます。

・株式会社人生のミカタ 代表取締役
・他者貢献ファイナンシャルプランナー

もりつぐ先生

一般的なファイナンシャルプランナー（ＦＰ）の枠を超えた存在の彼には、「日本にお金と明るく前向きに向き合っていける文化を創る」というビジョンがある。

これは「お金、貧困の悩みは打ち明けられる人がいない。夫婦や親子でも言えないし、友達にも相談できない。だから、お金とちゃんと向き合って前向きにお金を捉えれる心で大切な人と話をする。お金を通じてポジティブな影響がでることで日本や金融業界を根底から変えることができる」というもの。このパワフルなビジョンは、自ら困難を乗り越え、多くの人々への応援と常に挑戦し続ける彼の人生から生まれました。

もりつぐ先生の原点は、過去5，000件を超えるお客様との個別面談にあります。経済的な制約から夫婦喧嘩が起こる、子どもの夢や希望を抑制してしまう。反対にどんなに経済的な豊かさがあってもそれに気がつけるだけの心の豊かさがないとお金の不安からは生涯解放されないこと。彼自身も貧困の中で育った子供時代や厳しいミュージシャン時代に身をもって体験しており、自ら日本のお金に対する文化を変える決意を固めました。また彼のこの背景には常に業界への貢献の想いがあります。

「我々ファイナンシャルプランナーの活動一つ一つが、大きな文化の変革を起こすことができる」ともりつぐ先生は言います。1円でも多くお金を増やせばそれで本当に幸せになるのか…そんな時代はもう終わると思います。

心の豊かさというのが何なのか、そしてその心の豊かさを伝えれるのはお客様の経済的な豊かさをお守りする我々ファイナンシャルプランナーです。そんな同業者へ向けてもりつぐ先生の活動の主軸となる発信はYouTubeチャンネル「もりつぐ先生／ファイナンシャルプランナーお金の学校」から始まり、ＦＰ専門のオンラインサロンを展開。さらに具体的な形を提供するべく森次塾が誕生しました。ファイナンシャルプランナーが自分の価値と可能性を最大限に引き出すために、お金の本質をどのように理解し向き合い、お客様をサポートすべきかについて全国のファイナンシャルプランナーに新たな視点を惜しみなく提供しています。経済的豊かさだけではなく、仕事を通じて幸せになるための精神的豊かさの両面を実現しているファイナンシャルプランナーを多数輩出している。

　YouTubeチャンネルは、〝お金をコントロールする〟ことで〝人生をコントロール〟し、より豊かな毎日を送れるようなお金に対する健全な考え方を育める内容であり、難しい数字はほぼ出てきません。業界トップのFPが現場でどのようにお客様へお金について伝えているのかを毎週、無料配信しています。

　子育て世代の方だけでなく、多くの人に届いてほしい内容ですのでぜひご視聴してみてください！

YouTube「もりつぐ先生／ファイナンシャルプランナーお金の学校」

https://www.youtube.com/@user-ox7ss6vy1h

他にも、子育て世代に焦点を当てた親子でお金のことについて学べるというキッズマネースクールを展開。子どもの金融教育に関するさまざまなプロジェクトを通じて、直接的に参加者の学びの向上に貢献しています。彼が講師を務めるセミナーでは、単に金融知識を共有するのではなく、より多くの人々がお金の本質や向き合い方を知り、自分たちの未来を自らの手で切り開くことができるよう取り組んでいます。

　これは参加者自身の〝経済的な自立〟とお金の本質を知ることで〝社会貢献〟としてどのように活用できるかを伝えています。「投資は世界に自分を役立てる方法です」ともりつぐ先生は言います。

　特に日本中が今注目しているＮＩＳＡという投

資手段は、個人が未来の資産を育てながら、その過程で社会問題の解決に間接的に貢献することです。より多くの人が不安から解放される手触り感、納得感の得れる投資について伝え続けています。

彼のメッセージは、自己の経済的な豊かさを追求するだけでなく、そのお金を通じた行動が世界に自分を役立ていること。そして自分が世界を豊かにしている循環の一つであることを実感でき、私たち自身の人生において、より良い選択をする勇気を与えてくれます。

彼の生き方は、お金というツールを使って世界にポジティブな影響を与えることの可能性を信じ、それを実践することに貫かれています。

彼の目指すのは、お金と明るく前向きに向き合っていける社会の実現。

もりつぐ先生から私たちが学ぶべきは、お金というツールを使った未来の資産を育てること同時に投資を通じて「世界に自分を役立てる」という心の在り方の重要性ではないでしょうか。

もりつぐ先生とはじめるＮＩＳＡ！無料説明会はこちら

https://jinsei-mikata.com/mikata-byfinlife/web-nisa/

【プロフィール】
お金と明るく前向きに向き合っていける文化を創るため、ファイナンシャルプランナー事務所を創業、全国に拠点展開中。「ファイナンシャルプランナーもりつぐ先生」の愛称でNISA・投資信託や保険を取り扱っている現役ＦＰであり、株式会社人生のミカタ・株式会社 Finlife 代表。

佐藤　稔也

（さとうとしや）

チャンネル登録者数１５８０００人のYouTubeチャンネル、ナマケモノの健康美容チャンネルを運営。

その実績を元YouTubeやビジネスコンサルを行い、どなたでもチャンネルを伸ばさなくても利益を作り出す事が出来ます。

その傍ら、各都道府県の行政と手を組み日本の高齢者の方を健康にしたり、発達障がいをあるお子さんにＳＮＳ教室を開いたりしてます！

自己紹介

後藤 健太郎（ごとけん先輩）

大分県津久見市出身
ご縁紡ぎ大学大分校 第3期・第4期主催
2024年、西野亮廣講演会ＩＮ大分 を主催
大分県で、日本を湧く沸くさせるイベントを開催中
髙橋貴洋さんとは「ご縁紡ぎ大学大分校第二期」の第一講義で初会話。
その後、遠出できないＴＫさんと世界中に他者貢献の旅に出ています。

髙橋貴洋さんの初書籍「他者貢献」出版にあたって

他者貢献クラウドファンディング事務局として、今回の書籍出版を応援できたことは、とても良い経験になりました。また、目標を達成し、本書籍が出版されることを非常に嬉しくおもいます。ありがとうございました。

私は他者貢献の「他者」とは仲間のことと考えています。仲間を増やしていき、沸く湧くできる世の中を作っていきたいです。

今後も**「他者貢献」**を広げていきましょう！

自己紹介

井上 清隆

1976年7月11日生まれ、
A型、兵庫県加古川市出身。
建設関係の仕事一筋25年（2度の転職）
一級土木施工管理技士、第二種電気工事士。
2024年は複業に挑戦。
他者貢献ズ内では『他者貢献の魔王』として活動中。
勝手に他者貢献Tシャツ作る（笑）
他者貢献な和高組BASE店舗での本購入数日本一(2024年3月時点)
理念『縁と円と応援』、『ものは言いよう、ものは考えよう』、『知恵出します、何とかします』
#他者貢献ズ#鴨Bizメンバー
#西野亮廣エンタメ研究所サロンメンバー

【TK社長との歴史】

2022/11 Voicy『鴨頭嘉人の朝礼』で他者貢献高橋社長の存在を知り、Voicy『他者貢献な朝礼』にドはまりする。
2023/05 他者貢献な和高組BASE店舗での本販売を知り、高橋社長の認知を取りたく下心満載で本『夢と金、コミュニケーション大全』を少しずつ購入し始める
2023/05 『西野亮廣宮崎BBQ大会』で初対面
2023/06 『西野亮廣鴨頭嘉人W講演会』をS席最前列で参加、ボラスタ懇親会に参加させていただき他者貢献ズの仲間入り
2023/08 向所さん主催の『見上げる家飲み会』でウェイウェイ
2023/10 Kappa石橋さん主催の『京都BBQ』でウェイウェイ
2023/11 『YAKINIKUMAFIA他者貢献肉祭り』でウェイウェイ
2024/01 『他者貢献クラファン』で他者貢献Tシャツ全世界デビュー
2024/01 『他者貢献ふぐ祭り』でウェイウェイ

自己紹介

かずマックス

（中保 一麻）

1991年生まれ　北海道出身
現在は、コールセンター運営部門の次長職
（世界の応援団長おうみんと同じ職場です）をしながら、
世界中の挑戦者に勇気と感動を与える
他者貢献ランナーとしても活動しておりマックス！
19歳からの管理職を活かし、日々色んな荒波に揉まれながら、
FitnessArk、他者貢献ズの方々に支えられて、毎日を全力で生き切ってマックス！

〈ビジョン〉

ワクワクと感謝であふれる世界を創る

〈夢・目標〉

・2030年までに独立起業。
　KazuMaxLand設立
・47都道府県のフルマラソンを制覇
・フルマラソンサブ3（完走タイム3時間切り）を達成する
・全国の他者貢献ランナーを1,000人にする

皆さん、お友達になってください(*´∀`*)！
かずマックスに興味を持って下さった方はコチラ

https://lit.link/Kazumax0219

自己紹介

橋本 一豊

(ロック)

特定非営利活動法人 WEL'S
理事長

株式会社 BON・JOB
代表取締役

社会福祉士

ホストから福祉の仕事に転職して25年。現在は障害者雇用を行う企業に対しての立ち上げ支援と障害者支援を行う専門機関のコミュニティづくり、次世代育成のための大学講師をしています！その傍ら、コピーバンド活動を約30年。バンドブーム世代のコミュニティ内で定期的にＬＩＶＥを行っています。

福祉業界（正確には就労支援業界と呼ばれています）の課題解決に向けたビジネスモデルを作るために、ビジネス思考力を学べるコミュニティ「鴨Ｂｉｚ」でインプットしたことを実践に生かしています!!

西野亮廣さんや鴨頭嘉人さんから応援と挑戦の素晴らしい文化を学び、16年間勤めた山形県警察官を退職して営業職やX、stand FMなどの発信活動に挑戦中。

特にWeb3での活動に力をいれており、(株)和高組の広報担当、ターシャコーケンちゃんと同じCoolGirlNFTのホルダー

つっきーこと月田龍司

カテーテル志郎と申します。鴨頭さん界隈・西野さん界隈のもりつぐ先生にいただいたニックネームです。カテーテルの医者をしており、幸いにも仕事そのものが他者貢献な生活となっています。尊敬する師匠の作ったカテーテルの治療を世に広め、日本発の癌のカテーテル治療で世界を変えるため活動しています。最低2億の研究費を獲得するため、日々奔走していま す。また新しい治療法を保険でやるためには、世の中の認知も必要不可欠です。皆様の応援を心からお待ちしております!

コウセイ工業(株)

稗田 聖也(ひえだせいや)

大分県生まれA型
職業:コウセイ工業㈱　経営者
趣味:トレーニング
座右の銘:サラリーマンを稼がせる会社

臼杵市立(旧豊後大野市)野津中学校卒業後、地元の(株)豊後土建に就職(2年)し、竹尾総業へ転職(4年)後、創大工業の専務に就任後(2年)、平成24年4月独立しコウセイ工業を起業、平成27年7月に法人化。現在に至る。

私のカクゴ
https://www.kakugo.tv/person/detkas5zb.html

島崎 光平

『ネアガリアートパネル』で保育園創設の資金繰りをしているNANSHIROの〝こーへー〟です。長崎県に『1番おもしろい保育園』を創るべく、あれやこれやに挑戦しています！」

興味のある方はQRコードから！

私たちは美容という仕事を通して、1人ひとりが技術的にも精神的にも成長でき、スタッフのライフステージに合わせ柔軟に対応し、長く勤められる企業を目指しております。

お客様は日々成長していくスタッフやサロンを見守り応援してくださいます。お客様に喜んでいただき、末長いお付き合いができる美容師を育てていきたいと考えております。

美容室 Amber オーナー
代表取締役 白根 卓哉

現代の武士、佐野 翔平

火縄銃で世界を獲る人。火縄銃の射撃競技の選手。伝統工芸品オンラインショップ「伝統屋 暁」代表。1990年生まれ。静岡県出身。
中学生の頃に地元のおまつりで火縄銃の演武を見たことから歴史や日本文化に興味を持つ。2013年から火縄銃の演武団体に所属し、全国で演武を行う。2014年には熊本県芦北にて開催された「全国火縄銃サミット」に参加し、一斉射撃の最多人数のギネス記録に認定。
2017年、射撃競技へと活動の幅を広げ、2019年「第37回中島流古式砲術射撃大会」で初優勝。2022年には国内最大の大会「全日本前装銃射撃競技選手権大会　立射部門」にて 優勝。2024年3月現在の目標は世界大会で優勝すること。
「伝統屋 暁」代表として、全国の美術館・博物館で委託販売。パリ・ニューヨークなど海外にも商品を販売している。

あみこ チャンス∞愛
オブザ あみえもん

政光順二こと
ジピティまさみつ

竜門亜紗未

境江利子

松澤卓こと
マッスルイングリッシュ

後藤宣子（のりこ）
黄色いトマトはごとう農園

著者略歴

髙橋 貴洋（たかはし たかひろ）

現在、大分県大分市で『㈱和高組（わこうぐみ）』という建設会社を創立し経営。

大分県臼杵市野津町出身。大分育ちの大分生まれ。

平成23年（２０１１年）12月２日に和高組を設立後、ワンオーナーで走り続けて幾星霜。

13年間で売上は２・５億円～３億円。

YouTube講演家の鴨頭嘉人氏やキングコング西野亮廣氏と出会い、経営マインドに共感しリスペクト。

両氏の講演会を大分県別府市で開催したり、【他者貢献】の理念を軸に応援や支援文化を日本中に広める為に活動中。

２０２４年１月から２月末の期間に挑戦したクラウドファンディングでは総支援金額１千万円達成。

【他者貢献】の理念を世界中に広める為には手段を問わない。

本書が人生初の著書となる。

本人はあと10冊は本を出したいと調子こき散らかしている。

他者貢献

２０２４年７月５日 初版発行
２０２４年７月25日 第２刷発行

著　　者　髙橋 貴洋
発 行 者　鴨頭 嘉人
発 行 所　株式会社 鴨ブックス
〒１７０-００１３
東京都豊島区東池袋 ３-２-４ 共永ビル７階
ＴＥＬ　０３-６９１２-８３８３
ＦＡＸ　０３-６７４５-９４１８
e-mail　info@kamogashira.com
デザイン　松田喬史（Isshiki）
校　　正　株式会社 ぷれす
印刷・製本　株式会社 シナノ パブリッシング プレス

ISBN978-4-910616-12-4